IMPRESSIONS

N° 103.

—

1847.

CHAMBRE DES PAIRS.

Séance du 3 juin 1847.

—

RAPPORT

Fait à la Chambre par M. le Prince de la Moskowa, au nom d'une commission spéciale * chargée de l'examen du Projet de loi sur les irrigations.

—

Messieurs,

On sait que la partie de notre sol national employée en herbages égale à peine le sixième de la totalité des terrains destinés à d'autres productions, tandis que dans les pays renommés pour leur prospérité agricole et le bien-être de leurs populations les prés occupent une beaucoup plus grande partie, quelquefois même plus de la moitié des terres cultivées.

Les statistiques publiées par le Gouvernement, l'étude des usages de l'agriculture chez les peuples étrangers, les autorités les plus compétentes, tout vient confirmer la réalité de cette disproportion

---

* Cette commission était composée de MM. Paulze d'Ivoy, Raguet-Lépine, le marquis de Belbeuf, le prince de la Moskowa, Mesnard, Passy, Lesergeant de Monnecove.

dont on a fait souvent ressortir les regrettables conséquences.

Nos pouvoirs publics semblent résolus, depuis quelques années, à y porter remède.

Il est certain que l'extension des pâturages et des prairies artificielles, en multipliant les bestiaux, aurait pour premier effet d'abaisser le prix de la viande en France, et de mettre cette substance alimentaire, la plus nutritive de toutes, à la portée de nos classes laborieuses qui en font malheureusement peu usage aujourd'hui.

Le second résultat serait de diminuer aussi le prix des engrais, au grand bénéfice des travaux de la campagne.

Or, l'irrigation a été considérée de tout temps comme un moyen assuré d'améliorer les terres, au point de convertir en peu d'années le sol le plus aride et le plus stérile en prairies de la plus grande beauté. Il n'est pas une seule nature de culture, depuis celle des jardins jusqu'à celle des céréales, où elle ne puisse être employée avec le plus grand profit.

Ses avantages étaient hautement appréciés chez les peuples de l'antiquité; aussi les pratiques des arrosages y furent-elles, comme chacun sait, en honneur, et notamment chez ceux placés sous des latitudes très-chaudes, où les influences combinées d'un soleil brûlant et d'une humidité réparatrice produisaient des miracles de végétation.

Les anciens Egyptiens excellaient dans l'art de retenir et de distribuer les eaux des débordements du Nil. Chez les Persans, celui qui adaptait à un terrain, qui n'en avait pas encore joui, le bénéfice de l'irrigation, obtenait la dispense de certaines charges publiques.

Les provinces du nord de l'Italie, dès le XIIe siècle, ont su habilement profiter des nombreux cours d'eau qui les sillonnent; grâce aux deux grands canaux dérivés du Tessin et de l'Adda, près de cent mille hectares de grèves sablonneuses couvertes de cailloux ont été converties en terrains fertiles, dont la valeur est inappréciable aujourd'hui.

Personne n'ignore à quel point certaines parties de la Péninsule, la Catalogne notamment et le royaume de Valence, ont su s'approprier et perpétuer les usages introduits en Espagne, lors de la domination des Arabes, par ces peuples si experts et si ingénieux dans l'art de cultiver les jardins.

Enfin, depuis l'occupation de l'Algérie, nos colonnes, en pénétrant sur les limites du désert, ont pu admirer de près, dans les oasis du Sahara algérien, les effets produits par d'abondantes irrigations sous l'influence d'une très-grande chaleur (1).

---

(1) Il est curieux d'étudier l'économie avec laquelle les eaux sont distribuées dans ces pays, où leur répartition pour les besoins des particuliers est réglée de la manière la plus sage et la plus conforme au bien de tous. Elle est confiée à un *moul el ma* (maître de l'eau), qui est chargé de veiller à ce que la distribution en soit faite en toute justice.

« Du réservoir commun de Figuig, partent des canaux principaux sur lesquels, de distance en distance, sont élevées

Or, Messieurs, partout et chez tous les peuples où les irrigations ont été appliquées avec profit, une législation particulière en a sagement réglé l'usage. Quelques-unes des lois les plus anciennes, le Code lombard (1), par exemple, peuvent être citées comme des modèles en ce genre.

---

des digues pour arrêter les eaux, et qui les déversent par des rigoles sur telle ou telle partie du terrain, selon que le moul el ma ouvre telle ou telle écluse. Les divers propriétaires, moyennant une certaine somme annuelle, ont droit à tant d'heures d'arrosage. Ces heures, qui sont calculées ailleurs, ainsi que l'on l'a vu pour Aïn Madi, à l'aide d'un sablier, sont comptées à Figuig avec une clepsydre. Le *moul el ma* de garde est chargé de cette opération, et voici comment il y procède : sur un grand bassin plein d'eau il place un vase conique en cuivre, percé au fond d'un petit trou, et qui doit se remplir en un temps connu. Quand par une ou plusieurs immersions du vase, il a été averti qu'il doit fermer les écluses d'un côté, il annonce, en tirant un coup de fusil, qu'il va les ouvrir par l'autre. A ce signal convenu, chaque intéressé se rend à son champ, à sa plantation de dattiers, à son jardin, pour utiliser les eaux qui vont lui arriver. Grâce à ces précautions prises dans chaque localité du district, les terres cultivables ne manquent jamais d'eau, et il est rare que des contestations s'élèvent d'individus à individus pour les droits d'arrosage. »

Les plantations de dattiers, des jardins d'El-Arouat, de Gardaïa, de Souf, de Nefta, sont irriguées de la même manière. On y arrose les palmiers à *grande eau* et constamment au moyen de rigoles ; l'immense oasis de Tougourt est fertilisée par des puits profonds que creusent les Rouar'a. Ces puits sont de véritables puits artésiens ; quelques-uns ont plus de cent hauteurs d'homme de profondeur.

(*Le Sahara algérien*, par le lieutenant-colonel Daumas.)

(1) Nous reproduisons ici comme un monument d'antique

Les pratiques des arrosages chez les peuples de l'antiquité étaient dirigées par les mêmes princi-

---

sagesse les sept articles de cette loi, qui a déjà été citée en 1845.

« Il est permis à tout citoyen d'extraire l'eau dont il a besoin pour l'irrigation de ses propriétés, sous la condition de ne pas porter préjudice à ceux qui ont précédemment usé de ce droit, et de plus d'obtenir des magistrats l'autorisation, toutes les fois qu'il s'agira d'une dérivation qui pourrait compromettre les intérêts publics.

« Il est loisible à ceux qui ont droit à une eau courante de la faire passer sur le fonds d'autrui, pourvu qu'ils payent au propriétaire le double de la valeur de la portion du terrain que le cours d'eau lui enlèvera.

« L'évaluation du terrain se fait par des arbitres que les parties choisissent.

« Le prix sera payé avant le commencement des travaux qui doivent frayer à l'eau son passage.

« En cas de refus du propriétaire d'acquiescer à l'établissement de l'aqueduc ou de la rigole, il y aura lieu au dépôt de la somme à laquelle le terrain aura été évalué par des arbitres que le podestat nommera, et aussitôt après ce dépôt on pourra commencer les travaux.

« Le passage peut avoir lieu à travers d'autres cours d'eau préexistants, au moyen des constructions nécessaires, et, dans ce cas, celui qui demande ce passage est tenu de fournir caution pour les dommages que les travaux pourront occasionner au propriétaire du cours d'eau préexistant.

« Pendant le temps que durera le travail nécessaire pour établir un nouveau courant d'eau, les propriétaires de l'ancien seront tenus, moyennant indemnité, de souffrir que l'eau soit arrêtée ou détournée, autant qu'il sera nécessaire pour l'exécution des travaux.

« Dans le cas où le passage de l'eau apporterait une notable diminution dans le prix de la pièce entière sur laquelle l'aqueduc serait construit, on pourra forcer celui qui veut établir pes (1) que ceux qui furent mis en vigueur plus tard dans le Piémont, dans le Milanais et dans certaines parties du midi de la France; nos agriculteurs du Roussillon, entre autres, surent profiter du voisinage de l'Espagne et de l'exemple des méthodes d'irrigation catalanes.

Ces principes sont encore ceux qui se suivent aujourd'hui; et si nous avons à notre disposition, pour construire les ouvrages d'art, des connaissances théoriques et mathématiques dont les peuples anciens manquaient, il est juste de convenir que nous ne les avons pas égalés encore dans les pratiques de la science des arrosements.

Depuis quelque temps cependant, les Gouvernements de l'Europe songent à s'occuper sérieusement de régler l'usage des cours d'eau dans l'intérêt de l'agriculture, chaque nation bien entendu suivant l'esprit de sa législation.

Parme en 1820, la Hesse en 1830, la Sardaigne en 1837, la Prusse en 1843, ont promulgué successivement des lois sur la matière. Quant à la législation milanaise, elle se compose des anciens décrets napoléoniens, empruntés eux-mêmes au Code des Lombards et auxquels les règlements autrichiens ont apporté peu de dérogations. Il est naturel qu'on craigne d'innover en ce genre, dans une contrée où l'art des dérivations sur une

------

le cours d'eau à acheter toute cette pièce de terre, au prix fixé par des arbitres. »

(1) « *Claudite jam rivos...... sat prata biberunt.* »
(Virgile.)

grande échelle a été porté à un si haut degré de supériorité (1).

Nos lois françaises furent de tout temps empreintes d'une disposition favorable aux irrigations. Sans remonter aux ordonnances des anciens rois sur les eaux et forêts, celle de Louis XIV, en 1669, a établi les bases de notre législation actuelle. Un arrêté du Directoire exécutif du 19 ventôse an 6 (9 mars 1798) en rappelle notamment plusieurs articles. Les termes des lettres patentes du Roi, de janvier 1790, et la loi du 12 août 1791 attestent ces dispositions. Le Code civil avait placé les rivières navigables et flottables dans le domaine public; il avait réglé, dans le chapitre des servitudes et d'une manière sommaire, les droits des propriétaires riverains des cours d'eau non navigables ni flottables (2). Cependant les nombreux conflits que ces applications et ces textes du Code faisaient naître dans la pratique, avaient donné lieu à des arrêts, à des avis du conseil d'État, à des jurisprudences des tribunaux, nombreuses, quelquefois contradictoires, et les personnes que leur expérience des questions agricoles mettait à

---

(1) Remarquons ici en passant que les premières dispositions qui vinrent sensiblement régler la distribution des eaux d'arrosage dans le Milanais, remontent à l'année 1503, époque où la domination française était établie dans ce pays.

M. Nadaux de Buffon, dans son excellent ouvrage sur les canaux d'arrosage de l'Italie, que nous aurons l'occasion de citer encore, nous apprend que les modules des bouches du *Naviglio-Grande* sont dus à Louis XII, roi de France.

(2) Voyez art. 538, 640, 641, 642, 643, 644, 645.

même de pouvoir étudier mieux que d'autres l'état véritable de la pratique des irrigations dans notre pays, en avaient plus d'une fois signalé le vice.

C'est dans le but d'y remédier que d'honorables agronomes réclamèrent auprès du Gouvernement une législation plus complète sur le régime des cours d'eau, et qui fût de nature à aplanir les difficultés incessantes, souvent insurmontables, dont le développement salutaire des irrigations sur notre sol avait à souffrir.

Cependant, en attendant ce Code des eaux, que le Gouvernement s'était engagé à rédiger et à porter bientôt aux Chambres, un honorable Député, organe éclairé de l'opinion de l'agriculture, M. le comte d'Angeville, déposa, en 1843, une proposition tendant à faciliter, pour les riverains des cours d'eau non navigables et non flottables, l'extension de la faculté que le Code leur accorde, en créant une nouvelle servitude légale en leur faveur, *le droit d'aqueduc*, déjà en usage dans la plupart des législations de l'Europe sur les cours d'eau.

Cette proposition, développée par son auteur, le 22 mai 1843, donna lieu à un rapport de M. Dalloz, le 29 juin de la même année, puis à un supplément de rapport du 30 mars 1844, et fut enfin adoptée par la Chambre des Députés, le 13 février, et, sur le rapport de M. Passy, par la Chambre des Pairs, le 22 avril 1845.

MM. d'Angeville et de La Farelle se sont réunis cette année pour déposer une autre proposition, dans laquelle ils réclament le *droit d'appui* en faveur de l'irrigation.

Cette proposition, discutée et adoptée à la Chambre des Députés, a été portée le 26 avril dernier à la Chambre des Pairs, et j'ai l'honneur, Messieurs, de vous rendre compte de l'examen auquel s'est livrée la commission que vous avez chargé de l'étudier.

Et d'abord, examinons en peu de mots l'état précis de notre législation sur la matière.

L'article 644 du Code civil donne à celui dont l'héritage borde d'un côté un cours d'eau non navigable et non flottable, le droit de s'en servir pour arroser sa propriété riveraine (1).

La loi, en accordant cette faculté, n'a point indiqué les moyens qui seraient employés pour en user; elle a semblé vouloir la restreindre seulement aux besoins de l'irrigation, variables, comme chacun sait, suivant la saison, la nature du sol et celle des cultures (2).

---

(1) Art. 644. « Celui dont la propriété borde une eau courante, autre que celle qui est déclarée dépendance du domaine public, par l'art. 538, peut s'en servir à son passage pour l'irrigation de ses propriétés.

« Celui dont cette eau traverse l'héritage peut même en user dans l'intervalle qu'elle y parcourt, mais à la charge de la rendre à la sortie de ses fonds à son cours ordinaire. »

(2) Rien n'est plus arbitraire que l'attribution faite à un particulier de la quantité d'eau *nécessaire* et *suffisante* à l'irrigation de sa propriété. Exemple :

« Dans le pays milanais, qui est par excellence le pays des arrosages, les trois classes de ces cultures usuelles sont, 1° les

Or, toutes les fois qu'un héritage se trouvera, par la disposition des lieux, situé en *contre-bas* de la rivière qu'il borde, de simples saignées sur la rive suffiront pour l'arrosement.

Dans ce cas, si aucune contestation ne s'élève, quant au volume d'eau employé, l'irrigation s'accomplira en vertu du droit commun, et en l'absence de toute intervention des pouvoirs publics, administratifs ou judiciaires.

Cependant, en général, les rivières et les ruisseaux suivent les *thalweg*, et coulent en conséquence dans la partie inférieure des vallées; ce qui fait, qu'à moins de circonstances exceptionnelles,

---

prairies d'été; 2° les rizières; 3° les prairies d'hiver, les *marcites*. »

Or, la même quantité d'eau, représentée par le débit continu d'une *once* ou d'environ 44 litres par seconde, arrosera moyennement 38 hectares de prés d'été; 20 hectares de rizières; et seulement 1 hectare de *marcite!* (*Nadaux de Buffon, Canaux d'arrosage de l'Italie.*)

Je pourrais ajouter à ces exemples celui des méthodes employées dans certaines parties du nord de la France, où l'on pratique les irrigations par voie d'inondations. — Là, des surfaces considérables de terrain sont recouvertes souvent pendant plusieurs mois d'une couche d'eau de plusieurs centimètres d'épaisseur; ces eaux livrées à elles-mêmes, déposent peu à peu sur le sol les matières qu'elles tiennent en suspension, et ces sédiments ou *amendements* augmentent à la longue la couche de terre végétale, en améliorant sa nature, et en activant singulièrement la végétation. C'est le *colmatage* italien. — Quant à la quantité d'eau employée, on sent par la latitude qu'elle nécessite, combien cette méthode doit en être prodigue. (*Note du rapporteur.*)

les héritages riverains placés en contre-haut, par rapport à ces cours d'eau, ne pourraient en profiter dans un but d'irrigation, si, par des barrages, ils ne parvenaient à en élever le niveau (1).

Notre législation, dont l'esprit, ainsi qu'on l'a dit plus haut, est favorable aux irrigations, n'a certes pas eu la pensée d'interdire l'emploi de ces moyens artificiels pour opérer les prises d'eau, puisque la plupart du temps les dérivations seraient impraticables, si l'on n'y avait recours (2).

Toutefois, l'on comprend que l'exhaussement du cours d'eau peut avoir pour les fonds riverains en amont, en aval ou en face de l'héritage arrosé, des conséquences dont le propriétaire de cet héritage, dans l'intérêt exclusif qui le préoccupe, ne tient pas compte, mais auxquelles l'administration protectrice de l'intérêt de tous doit avoir égard.

C'est dans ce but que l'Assemblée nationale,

------

(1) L'emplacement de l'arrosage diffère toujours de celui de la prise d'eau, et le propriétaire du sol à irriguer est rarement le même que le propriétaire du terrain qui convient pour l'embouchure de la dérivation. (*Nadaux de Buffon,* ouvrage déjà cité, 2ᵉ vol., p. 179.)

(2) « Tous les travaux que le riverain d'un cours d'eau fera dans le but d'exercer les droits qui lui sont conférés par l'art. 644 du Code, lui seront permis. Il pourra pratiquer dans le cours d'eau des saignées ou rigoles pour faire dériver l'eau dans ses fonds, *établir un barrage* ou écluse, ou tout autre ouvrage d'art, pour procurer à l'eau un exhaussement propre à la faire refluer dans ses fonds. » (*Dictionnaire de législation usuelle de Chabrol-Chamiane,* 4ᵉ édit. 1846.—Eaux.)

dans une instruction, en date du 20 août 1790, ordonne à l'administration :

« De rechercher et d'indiquer les moyens de « procurer le libre cours des eaux, d'empêcher « que les prairies ne soient submergées par la trop « grande élévation des écluses, des moulins, et par « les autres ouvrages d'art établis sur les rivières ; « de diriger enfin toutes les eaux de leur territoire « vers un but d'utilité générale, *d'après les prin-* « *cipes de l'irrigation.* »

Et c'est pour cela qu'on lit dans la loi du 6 octobre 1791, titre II, art. 16 :

« Les propriétaires ou fermiers de moulins ou « usines, etc., etc., seront forcés de tenir les eaux « à une hauteur qui ne nuira à personne, *et qui* « *sera fixée par le directoire du département, d'a-* « *près l'avis du directoire du district* (1). »

Quel que soit le but dans lequel ce barrage aura été élevé, pour les nécessités d'un moulin ou d'une usine, ou pour les besoins de l'agriculture, il est évident que ses conséquences sont les mêmes, et la sollicitude de l'autorité doit veiller à ce qu'il ne cause aucun dommage, et qu'il soit construit autant que possible, dans un système d'utilité générale, et *d'après les meilleurs principes de l'irrigation,* suivant les expressions des instructions de 1790. C'est dans le but de réaliser le vœu de la législation dont je viens de rappeler les dispositions principales, que les autorisations du Gou-

---

(1) Ce droit de déterminer la hauteur des eaux est absolu. (Ordonnance en conseil d'État du 31 octobre 1833.)

vernement ne sont délivrées en pareille matière qu'après une série de formalités, d'enquêtes, d'examens et d'arrêtés, indispensables pour obtenir l'ordonnance royale.

L'un des principaux éléments de cette instruction administrative, la publicité, offre une latitude entière aux réclamations des intérêts rivaux, ou des propriétaires auxquels la prise d'eau projetée pourrait porter quelque préjudice.

L'autorité judiciaire vide avant tout les contestations que peuvent faire naître les prétentions contraires des riverains. Elle prononce sur la validité ou la portée des titres antérieurs que les parties feraient valoir, sur les questions de propriété, de jouissance, de prescription, etc., etc. Puis, une fois la part du droit de chacun nettement établie, une fois le règlement entre les intérêts privés terminé, l'administration intervient à son tour dans l'intérêt général, et accorde, s'il y a lieu, l'autorisation du barrage (1).

---

(1) Il faudra que chaque propriétaire qui voudra se pourvoir devant l'administration pour obtenir le droit d'élever un barrage, subisse les formalités suivantes. M. le comte d'Angeville les a rappelées en 1845 :

1° Demande au préfet accompagnée d'un avant-projet ;

2° Enquête de 8 jours à la mairie avec *publicité ;*

3° Envoi à la sous-préfecture et ouverture de deuxième enquête, ordinairement d'un mois, *grande publicité ;*

4° Examen d'une commission d'enquête, composée ordinairement de membres de conseils généraux ;

5° Examen et envoi du sous-préfet ;

6° Examen des ingénieurs départementaux et du préfet ;

Tel est l'état actuel de notre législation; tels sont en somme nos usages réglementaires sur la matière.

Mais en admettant maintenant que, dans le cas que nous considérons, les décisions des autorités judiciaires et administratives soient favorables à la demande du propriétaire riverain qui s'est pourvu auprès de l'administration, et que pour arroser son héritage il ait obtenu l'autorisation d'exhausser le niveau du cours d'eau qui le borde, il lui faudra barrer la rivière dans toute sa largeur. Or, l'effet de ce barrage ne sera complet qu'autant que les ouvrages d'art nécessaires pourront s'appuyer sur la rive opposée, et par conséquent sur l'héritage d'autrui.

Dans le cas où ce *droit d'appui* viendrait à être accordé bénévolement ou conventionnellement, nulle difficulté. Mais si le propriétaire du bord opposé le refuse, le riverain de ce côté de la rivière est alors obligé de s'incliner devant le respect dû à la propriété, et, faute d'obtenir la permission de prendre à peine un mètre carré sur l'autre rive, il voit s'annuler entre ses mains une faculté, dont l'usage l'aurait mis à même de féconder peut-être d'immenses surfaces de terrain.

La Chambre des Députés n'a pas voulu que le

7° Arrêté du préfet indiquant les propriétés qui doivent être traversées et expropriées ;

8° Envoi de tout le dossier ainsi que de l'arrêté à Paris ;

9° Examen du conseil général des ponts et chaussées ;

10° Examen du conseil d'État ;

11° Ordonnance royale déclarant l'utilité publique.

caprice, la malveillance ou l'abus du droit de propriété pussent ainsi paralyser plus longtemps des efforts, que les intérêts de l'agriculture lui faisaient un devoir d'encourager.

C'est dans ce sentiment que déjà, en 1845, elle avait constitué une nouvelle servitude légale , en créant la faculté de passage sur des fonds intermédiaires , dans le but de mettre le propriétaire d'un héritage éloigné d'un cours d'eau, en communication avec le fonds qu'il possède sur une de ses rives (1).

Cette décision fut ratifiée par vous, Messieurs les Pairs, dans la même année.

Le projet de loi qui vous est soumis et que le même esprit a dicté, se présente aujourd'hui à votre examen, dans les mêmes conditions. Il a pour objet de mettre les prises d'eau et par conséquent tous les avantages qui peuvent en résulter, à l'abri des obstacles que la mauvaise volonté des riverains pourrait leur susciter ; *tout en réservant d'ailleurs dans leur intégrité les lois qui règlent aujourd'hui la police des eaux.*

Les dispositions particulières sur lesquelles vous êtes, Messieurs, appelés à vous prononcer, auraient pu facilement trouver place dans la loi du 29 avril 1845 ; mais les départements n'avaient pas encore à cette époque exprimé leur opinion sur la servitude nouvelle que ces dispositions ont pour objet

____

(1) « Rusticorum prædiorum jura sunt hæc : iter, actus , via , aquæductus.... Sive jus aquæ ducendæ per fundum alienum. (*Institutes de Justinien* ; tit. III, *De servitutibus rusticorum et urbanorum.*) »

d'établir. Or, quelque légitime que dût paraître le principe sur lequel elle repose, les honorables auteurs de la proposition de 1843 ont voulu que celle de 1847 pût se recommander à son tour aux Chambres de l'approbation des conseils généraux des départements.

Cette sympathie qui n'avait pas manqué au projet de loi du 29 avril, s'est manifestée d'une manière plus favorable encore à l'occasion de celui qui nous occupe. Consultés par le Gouvernement, soixante de ces conseils se sont prononcés en faveur du droit d'appui.

Peut-être eût-il été plus naturel de consacrer ce droit, fondement en quelque sorte indispensable de tout système d'irrigation, avant le droit de passage, dont l'objet est uniquement d'étendre le bénéfice des arrosements à des héritages éloignés. Quoi qu'il en soit de l'ordre dans lequel ces deux servitudes nouvelles auront pris place dans nos Codes, leur utilité n'en a pas moins semblé évidente à votre commission. C'est donc à l'unanimité qu'elle a été d'avis de vous proposer l'adoption de celle dont vous lui avez confié l'examen, et qui se présente à vos suffrages déjà revêtue de la sanction d'un des pouvoirs législatifs.

Il n'est pas exact toutefois de prétendre que la servitude légale d'appui qui nous est demandée aujourd'hui soit, à proprement parler, un complément de la loi de 1845, ainsi que semble le croire l'honorable M. Dalloz, rapporteur de la loi à la Chambre des Députés. J'admets sans difficulté qu'en attendant l'apparition du projet de Code qui vous est promis, il y ait eu utilité à ajouter quelques dispositions nouvelles à celles de notre législation, fort laconique en ce qui touche les cours d'eau, et qu'à ce point de vue, les droits de passage et d'appui aient paru devoir avant tout y être introduits. Mais ces deux droits ne sont en aucune façon complémentaires l'un de l'autre, et l'adoption de la servitude de passage notamment, tout onéreuse qu'elle puisse être à la propriété, ne préjuge rien quant à l'adoption du droit d'appui, à moins qu'on ne voulût considérer le vote des Chambres en 1845, comme un témoignage des sentiments dont la faveur ne saurait manquer de profiter sans doute au projet de loi qui nous occupe.

La loi de 1845 deviendrait évidemment d'une application presque inutile, si la Chambre des Pairs repoussait le *droit d'appui;* et quant aux bénéfices résultant du droit de conduire les irrigations au loin, en admettant la doctrine de M. Dalloz sur le volume d'eau disponible, je demanderai s'il est sérieusement possible d'en espérer de grands profits?

Tandis que, la faculté de barrage une fois garantie d'une manière efficace, les irrigations, quant aux propriétés riveraines du moins, pourraient prendre un développement de plus en plus considérable, et cela indépendamment du droit *d'aqueduc.*

Ces observations nous portent à penser que toutes les questions que la discussion de la loi de 1845 avait soulevées, sont entièrement réservées aujourd'hui, et que leur solution dépend implicitement de la destinée du projet actuel.

Il n'est donc pas exact de vouloir présenter ce projet comme un *corollaire*, comme un complément de dispositions antérieures, dont le sort est attaché, il est vrai, à son adoption, mais dont il est tout à fait indépendant.

Je trouve sans importance au surplus de chercher à atténuer la portée d'un projet qui se recommande évidemment par son utilité; les avantages qui lui sont propres suffisent pour nous le faire apprécier en lui-même, indépendamment de toute autre considération. Il ne nous a pas été difficile de nous en convaincre.

Votre commission, Messieurs, a donc cru convenable d'admettre la nouvelle dérogation au droit commun qui vous est proposée; et bien que son ordre d'admission lui ait paru en contradiction avec son ordre d'importance, nous sommes d'avis que la Chambre consacre aujourd'hui la *servitude d'appui*, tout comme elle a ratifié en 1845 le vœu de la Chambre des Députés, en ce qui touchait le droit d'*aqueduc*.

Aucune objection de quelque gravité n'a été élevée dans une autre enceinte contre le projet actuel. Mais la discussion à laquelle il a donné lieu a fourni à plusieurs orateurs l'occasion d'exprimer une opinion, dont il n'est pas inutile de consigner la mention dans ce rapport.

Quelques honorables membres, et entre autres le savant rapporteur de la loi du 29 avril 1845, qui a été encore aujourd'hui l'interprète de la commission nommée pour l'examen du projet sur lequel vous êtes en ce moment appelés à délibérer, ont soutenu : Que le droit d'appui pouvait être réclamé *sur les deux rives ;* que l'expression de *fonds intermédiaires* employée dans l'article 1er de la loi du 29 avril 1845 (1), s'appliquait non-seulement aux fonds situés entre deux héritages appartenant au même propriétaire ; mais devait s'entendre aussi et surtout des fonds placés entre un héritage non riverain et le cours-d'eau ; qu'en d'autres termes, pour réclamer la servitude d'aqueduc, il était tout à fait superflu d'être propriétaire riverain.

Le Gouvernement, ont-ils dit, peut accorder une concession d'eau sur un cours d'eau domanial ; il le peut même sur un des cours d'eau qui ne sont pas compris dans l'article 538 du Code. Comment faire profiter de cette concession le propriétaire d'un héritage éloigné, s'il se trouvait qu'il ne possédât pas même une parcelle de terrain sur le bord du cours d'eau où il aurait tant besoin de puiser?

Ces observations, auxquelles M. le comte d'Angeville est venu prêter le secours de son autorité, avaient, comme vous le voyez, Messieurs, une grande gravité. Formulées dans un amendement, elles furent renvoyées à la commission, qui ne crut pas devoir les accueillir, mais qui, tout en les repoussant, refusa de se prononcer sur le sens que l'on devait attribuer à l'article 1er de la loi de 1845, en ce qui touche l'interprétation extensive ou restrictive qu'il était à propos de lui donner.

---

(1) Art. 1er. Tout propriétaire qui voudra se servir, pour l'irrigation de ses propriétés, des eaux naturelles ou artificielles dont il a le droit de disposer, pourra obtenir le passage de ces eaux sur les fonds intermédiaires, à la charge d'une juste et préalable indemnité.

Le Gouvernement, par l'organe de M. le Ministre des travaux publics, s'est formellement prononcé contre la doctrine de MM. Dalloz et d'Angeville, et contre leur manière d'interpréter la loi de 1845. — « Vous parlez de concessions accordées « par le Gouvernement sur des eaux du domaine « public? leur a-t-on répondu; pour ces prises « d'eau, pas de difficultés; d'abord elles sont très-« rares; mais, en outre, elles sont accordées pour « cause d'utilité publique, et l'expropriation des « fonds nécessaires profite dès lors aux nécessités « de la concession. » S'agit-il des cours d'eau non navigables et non flottables? Comment comprendre que l'État pût en disposer sans violer le droit consacré en faveur des riverains par l'art. 644 du Code? Enfin, en admettant que le riverain ne fût qu'usager ou usufruitier, doctrine que les autorités les plus compétentes repoussent, resterait à savoir qui serait *nu-propriétaire*. Or, il n'est pas du tout démontré que ce soit l'État. Les jurisprudences ont beaucoup varié à cet égard. Les auteurs diffèrent quant à l'attribution de la propriété des eaux non navigables et non flottables, et la doctrine la plus récente de la cour de cassation a déclaré qu'elles n'appartenaient à personne (1).

Donc il n'y a pas là de quoi autoriser l'État à

___

(1) Parmi les terrains à exproprier pour la construction du canal de jonction de la Sambre et de l'Oise, se trouvait une prairie traversée par la rivière d'Etreux, non navigable et non flottable. Le propriétaire de cette prairie demandait une indemnité, non-seulement pour le terrain dont il était expro-

concéder une portion quelconque de ces eaux, et la faculté d'user de ce droit, qu'on lui offrait, a été en effet formellement déclinée par le Ministre.

Votre commission, Messieurs, partage à cet égard la manière de voir de la majorité de la Chambre des Députés et du Gouvernement (1); et, quoiqu'il n'y ait pas lieu ici pour elle de manifester

---

prié, mais pour le lit de la rivière qu'il prétendait lui appartenir.

Par jugement du 31 décembre 1841, le tribunal de Vervins déclara cette prétendue propriété mal fondée.

Sur l'appel, jugement de la cour royale d'Amiens, du 28 janvier 1843, admettant le droit de propriété des riverains, qui lui paraît formellement établi par le Code civil.

Enfin, pourvoi en cassation et arrêt de la cour du 10 juin 1846, *rendu par défaut* contre le propriétaire de la prairie, cassant le jugement de la cour royale d'Amiens, par le motif que les cours d'eau non-navigables ni flottables rentrent dans la classe des choses n'appartenant à personne, dont l'usage est commun à tous, et dont la jouissance est réglée par des lois de police. (Présidence de M. Portalis (chambre civile). Rapport de M. Simonneau. Conclusions de M. le premier avocat-général Pascalis.)

(1) Chambre des Députés. Séance du jeudi 22 avril 1847.

M. Dalloz, rapporteur. On a droit de disposer des eaux à trois titres différents : comme propriétaire d'une source qui naît dans votre fonds, ou que vous y avez fait jaillir par des travaux artificiels, par des puits artésiens ; — ou lorsque vous êtes riverain de rivières non navigables ni flottables ; — Enfin, *on a le droit de disposer des eaux dont on a obtenu la concession de l'administration publique.* (Dénégations.)

M. Odilon Barrot. On ne peut pas faire de concessions au détriment des riverains !

M. le rapporteur. Je demande à M. Ministre des travaux

son opinion, quant aux titres que peuvent présenter les riverains, pour revendiquer tout ou partie de la propriété des cours d'eau non navigables et non flottables, elle n'a pas hésité néanmoins à s'expliquer dès aujourd'hui à l'égard des droits que l'on voudrait attribuer à l'administration de disposer de ces cours d'eau, et d'en faire des concessions. Or, cette faculté, qu'elle ne saurait lui accorder sur les rivières et ruisseaux non compris dans l'article 538, elle entend que le Gouvernement n'en peut user que très-modérément pour les eaux du domaine, et seulement en considération d'une utilité publique bien évidente.

« La loi de 1845, en ce qui touche la portée « qu'elle a entendu attribuer à la servitude d'a- « queduc, *est ce qu'elle est*, a dit l'honorable « M. Dalloz à la Chambre des Députés, et on l'in- « terprétera comme on voudra. »

---

publics s'il se croit impuissant à concéder à un non riverain une prise d'eau pour l'irrigation de sa propriété ?

M. Dumon, Ministre des travaux publics. Nous ne l'avons jamais fait.

M. Odilon. Barrot. La concession d'eau suppose la prise d'eau ; et la prise d'eau est subordonnée au droit de propriété riveraine. (Oui ! oui !)

M. le Ministre des travaux publics. Il est quelquefois arrivé qu'on a concédé à des associations le droit de dériver des cours d'eau navigables pour irrigations ; mais alors les canaux d'irrigation ont été considérés comme d'utilité publique, et c'est en vertu d'expropriation pour cause d'utilité publique que l'expropriation a lieu.

M. Odilon Barrot. C'est cela !

Cette interprétation a trop d'importance et elle réagit d'une manière trop directe sur le droit d'appui, dont le projet de loi proposé a spécialement en vue de déterminer l'usage, pour que votre commission ne crût pas nécessaire de résoudre, au moins pour ce qui la regarde, la question laissée indécise par la commission de la Chambre des Députés. Elle a donc recherché le sens qu'il était, suivant elle, convenable de prêter aux expressions de l'article 1er de la loi de 1845 : les eaux *dont il a le droit de disposer;* ces mots ayant été le prétexte d'un long débat à la Chambre des Députés. Leur reproduction dans l'article 1er du projet de loi présenté donne d'ailleurs à cet examen une opportunité toute particulière.

Aux termes du Code, Messieurs, les eaux non navigables et non flottables, dont un propriétaire riverain peut disposer, sont celles qui naissent ou sont recueillies artificiellement sur son héritage, qui traversent ses fonds, ou qui les bordent d'un côté.

Pour les deux premières catégories, disposition absolue; pour la troisième, droits partagés par le riverain de l'autre bord, et de là nécessité d'un arbitrage en cas de conflit. Le tout subordonné d'ailleurs au contrôle administratif, qui s'exerce paternellement dans un intérêt de police générale.

On ne peut disposer à aucun autre titre de ces cours d'eau. Donc la disposition de ces eaux ne saurait appartenir à l'État.

Quant aux fleuves et rivières navigables et flottables, l'État peut sans doute dans quelques cas en

être le dispensateur et en doter les héritages riverains, ou même des fonds éloignés ; mais dans cette
seconde hypothèse, il faut le consentement des
propriétaires des parcelles traversées, ou l'expropriation de ces parcelles pour cause d'utilité publique, si l'utilité publique est démontrée.

Les adversaires de cette doctrine prétendent que
du moment où l'on accorde à un intérêt privé
l'importance d'un intérêt général, en raison de
la nature spéciale de cet intérêt, et qu'on grève
par exemple, le droit de propriété d'une servitude
particulière, dans le but de favoriser le développement des irrigations, l'on entre dans une voie
nouvelle d'expropriation pour cause d'utilité publique, qui ne peut être salutaire et féconde qu'autant qu'on ne se ferait pas scrupule de l'appliquer
largement.

« En se plaçant à ce point de vue, disent-ils,
« faudra-t-il donc que le droit de disposer d'un
« cours d'eau, dans un but d'irrigation, appar-
« tienne exclusivement à tel héritage, très-borné
« dans ses limites, par le seul motif qu'il est rive-
« rain ; tandis que le même droit sera refusé à des
« propriétés de plusieurs centaines d'hectares, sous
« prétexte qu'elles ne touchent en aucun point au
« bord de la rivière ?

« Plus la satisfaction donnée à un intérêt parti-
« culier favorise des héritages étendus, et plus cet
« intérêt tend à se confondre par ses proportions
« avec un intérêt général. Pourquoi alors, puisque
« c'est l'utilité publique que les lois d'irrigation
« doivent surtout avoir en vue, refuser aux pro-

« priétaires de fonds d'héritages, vastes mais éloi-
« gnés, un accès jusqu'au bord de la rivière, à
« travers une bande de terrain qui peut n'être que
« de quelques mètres seulement en largeur? n'y
« a-t-il pas là une *enclave*, telle que la loi la con-
« sidère? Pourquoi contester alors le droit de pas-
« sage jusqu'au cours d'eau?

« Comment concilier cette dérogation si grave
« au droit commun qu'entraîne la servitude d'a-
« queduc, illimitée en quelque sorte dans son
« étendue, comment mettre d'accord ce précédent
« législatif désormais établi, avec ce scrupule re-
« ligieux pour une parcelle d'héritage riverain,
« dont l'intérêt bien entendu des irrigations or-
« donnerait le sacrifice? »

A cela nous répondrons que le système d'expropriation forcée, sur lequel était basée la proposition de M. d'Angeville, a été écarté par les
Chambres et qu'on y a substitué la servitude,
avec toutes les restrictions qu'elle comporte. On
a bien cherché à la confondre avec l'expropriation,
en 1845, mais la discussion a fait justice de cette
confusion. Il y a donc lieu ici d'être doublement
circonspect, et de s'abstenir avec soin de toute
extension et de toute aggravation.

Sans doute, Messieurs les Pairs, comme l'a dit
éloquemment l'honorable rapporteur de votre
commission en 1845, « à côté des grands et éter-
« nels intérêts de la défense et de la sûreté natio-
« nale viennent s'en placer d'autres, dont il est
« donné au temps d'agrandir l'importance, » mais
l'on ne saurait perdre de vue que si le projet de

loi de 1845 a été adopté, c'est sous cette réserve fort sage qu'il n'introduirait aucun changement dans les lois qui règlent la police des eaux. Or sur quels principes reposent ces lois, si ce n'est sur le Code civil? de quel esprit sont-elles inspirées, si ce n'est du respect dû aux droits de la propriété?

Si la servitude d'aqueduc a été admise, en un mot, c'est qu'elle s'appuyait, c'est qu'elle prenait en quelque sorte son attache sur le droit du riverain formellement défini par l'article 644.

Si l'extension de cette servitude, et par contre celle du droit d'appui doivent être repoussées, c'est qu'elles violent cet article, et cherchent à se fonder sur un soi-disant droit du Gouvernement à puiser dans les cours d'eau non navigables et non flottables que nous lui contestons, et que le Ministre lui-même ne veut pas accepter.

Ainsi, Messieurs, et nous nous basons en cela sur l'esprit et le texte de la législation actuelle, que nous n'entendons nullement modifier, les servitudes d'aqueduc et d'appui ne peuvent profiter qu'aux propriétaires riverains.

Si nous examinons maintenant en elle-même cette seconde servitude, sans laquelle aucune dérivation de quelque importance ne pourrait, en général, s'opérer sur les héritages adjacents aux cours d'eau, l'évidence nous force à reconnaître qu'elle sera incomparablement moins onéreuse pour la propriété que le droit d'aqueduc. Aussi, après la discussion de 1845, où ce droit, examiné en principe et de très-près par les Chambres, n'y avait été définitivement adopté qu'après y avoir été très-vivement combattu, il était naturel qu'aucune contestation sérieuse ne s'élevât cette année contre la nouvelle facilité accordée à la pratique des irrigations.

De quoi s'agit-il ici en effet pour le riverain ? uniquement de l'investir du droit de pouvoir appuyer, moyennant juste et préalable indemnité, et l'autorisation de l'administration, l'épaisseur d'un mur ou de quelques planches sur la berge appartenant au propriétaire de la rive opposée.

Sans doute une atteinte portée par l'intérêt privé à la plénitude des droits d'autrui en matière de propriété, quelque minime qu'elle soit en apparence, a besoin d'excuse. Or, Messieurs, que faut-il pour légitimer ici l'empiétement fort restreint qu'on vous propose ?

Le but ? Il n'en est pas de plus utile et de plus urgent à la fois ; il s'agit de rendre possibles les irrigations, en protégeant la faculté d'exhausser les eaux contre la mauvaise volonté des riverains. La portée ? Nous n'en connaissons pas de plus féconde quant aux résultats pour l'agriculture ; ni de moins gênante quant à son action sur les droits des particuliers. Car, ainsi que l'a très-bien dit un des honorables auteurs de la proposition dans une autre enceinte : « il ne s'agit pas ici de violer la propriété, mais de forcer un peu cette propriété à être raisonnable. »

D'un autre côté, Messieurs, toutes les fois que le droit de propriété s'exerce sur des choses communes à tous, ou soumises, dans une certaine mesure, aux exigences de l'utilité générale, sur des choses dont la conservation, la modification, ou même la destruction intéressent le public, ce droit, fort respectable, d'ailleurs, est souvent obligé de fléchir dans ce qu'il peut avoir d'absolu. Notre législation a consacré plus d'une dérogation de ce genre. On a cité la loi sur les desséchements, sur les mines, certaines expropriations pour des intérêts d'usines particulières ; on aurait pu rappeler les règlements de la grande voirie et parler aussi du Code forestier et des obligations qu'il impose aux propriétaires de bois. Enfin la création de tant de chemins de fer sur la surface du pays, n'a-t-elle pas entraîné à sa suite de bien nombreuses atteintes à la propriété ?

Qu'est-ce que le point d'appui d'un barrage peut offrir d'exorbitant auprès d'un chemin de fer, comme celui de l'Alsace, par exemple, qui traverse dans sa course, ainsi qu'on l'a rappelé, plus de 32.000 parcelles !

Ces précédents, dont on s'est autorisé avec tant de raison pour justifier la servitude d'*aqueduc*, sont applicables *a fortiori* à la servitude d'*appui*, qui rentre tout à fait dans la nature de celles que le Code civil définit dans l'article 649 (1).

L'article 1er, établissant le droit d'appui, et formulant par cela même le principe fondamental de

---

(1) Art. 649. « Les servitudes établies par la loi ont pour objet l'utilité publique ou communale, *ou l'utilité des particuliers.* »

Le Code ne dit pas *nécessité,* mais *utilité.*

la loi, nous n'avons pas à revenir sur les motifs que nous avons déjà présentés, et qui nous portent à l'adopter. Le projet n'entendant pas d'ailleurs déroger aux précédents en vigueur, quant à l'intervention, soit de l'administration, soit des tribunaux, dans les questions de cours d'eau ; l'indemnité exigée aux termes de cet article sera réglée suivant les formes usitées en pareille matière.

La faculté accordée par l'article 2 au riverain qui subit la servitude d'appui, de pouvoir réclamer l'usage commun du barrage, en contribuant pour moitié aux frais d'établissement et d'entretien, nous a paru fondée en équité. Elle nous a semblé d'ailleurs de nature à atténuer, s'il en était besoin encore, dans la pensée du riverain soumis au droit d'appui, la portée d'une expropriation dont les conséquences peuvent lui devenir ainsi directement profitables.

Le but des dispositions de détail qui suivent, quant aux restrictions apportées au droit d'être indemnisé, ou à la répartition des charges, est trop évident pour avoir besoin d'être justifié.

L'examen attentif de ces articles pourrait à coup sûr suggérer à la pensée certains inconvénients, résultat éventuel de leur application, et certaines difficultés dans la pratique dont nous n'avons pas la prétention de vouloir nier la gravité. Ainsi, par exemple, l'établissement d'un barrage, qui élèverait les eaux d'un torrent à une certaine hauteur, pourrait, dans la supposition d'une crue subite, ne pas être sans danger pour les habitations dont le barrage serait trop rapproché. Cette observation a été faite à la Chambre des Députés. Mais, dans ce cas, les déversions nécessaires, que commandent les intérêts des propriétés et des habitants, et dont l'autorité exigerait l'établissement, pareraient aux dangers des eaux sauvages en amont de la prise d'eau.

La loi ne saurait prévoir tous les cas qui peuvent se présenter. Encore une fois, l'administration et les tribunaux sont là pour y pourvoir.

C'est par cette observation que nous répondrons aux questions de prescriptions et aux autres difficultés judiciaires que l'analyse par trop minutieuse des dispositions nouvelles du projet a déjà pu faire surgir. C'est par ce motif que nous n'avons pas cru devoir nous livrer à cet égard à une appréciation plus étendue des articles, quant à leurs conséquences dans l'application. La loi pose des principes; elle doit être sobre de détails; et, en admettant même que celle qui nous occupe eût voulu déroger, en ce qui touche les objets qu'elle a particulièrement en vue, à la sobriété de nos lois sur les cours d'eau, que de questions qui resteraient soumises encore à l'appréciation des préfets, des conseils de préfecture, du conseil d'État et des différentes juridictions, depuis les décisions de justice de paix jusqu'aux jurisprudences de la cour de cassation!

Dans une matière aussi délicate, quand il s'agit de pondérer et de mettre d'accord tant de droits et d'intérêts contraires, où les habitudes des localités et les précédents jouent souvent un grand rôle, il faut laisser beaucoup à l'appréciation des espèces ou des circonstances particulières, et de latitude à l'action des tribunaux.

Il est une dernière considération, Messieurs, qui devait trouver place dans ce rapport. Nous l'aborderons en terminant.

Nous voulons parler des conséquences que la nouvelle législation sur les cours d'eau, provisoire si l'on veut, mais dont l'application cependant peut avoir une certaine durée, entraînera pour l'industrie.

Vous l'avez compris, Messieurs, du droit d'appui dépendait le droit de barrage, et par conséquent la pratique tout entière de l'irrigation.

En consacrant la servitude d'appui vous aurez mis la dernière main aux dispositions sommaires, mais importantes, dont l'agriculture réclamait avec instance et depuis longtemps la consécration.

Une ère nouvelle va se lever pour le pays; or, si toutes nos espèces de culture doivent infailliblement s'applaudir des nouveaux moyens de fécondation dont vous leur aurez facilité l'usage, il n'est pas douteux que les moulins, et en général toutes les usines qui emploient l'eau comme moteur, ne voient avec crainte s'étendre les dérivations, la dissémination des rivières et des ruisseaux en arrosements, et s'amoindrir ou se tarir par cela même les volumes d'eau qui font mouvoir leurs mécanismes.

C'est ici qu'apparaît dans toute son importance, Messieurs, la nécessité de cette pondération équitable et paternelle dont je rappelais tout à l'heure les bienfaits; de cette attentive appréciation des droits acquis, dans la distribution de ces faveurs auxquelles les destinées de tant d'industries sont attachées.

N'y a-t-il pas autre chose à attendre encore de la sollicitude de l'administration?

Plus de dix mille usines, prises d'eau ou barrages existent en France, qui ne sont autorisés par aucun règlement, ou dont les titres manquent de la régularité nécessaire (1).

La promulgation de la loi qui nous est présentée ne devra-t-elle pas être tempérée sagement dans ses effets immédiats, par quelques dispositions administratives de nature à en adoucir le contre-coup infaillible pour l'industrie?

Faudra-t-il admettre que tous ceux qui jouissent aujourd'hui de prises d'eau pour lesquelles ils n'ont pas été inquiétés jusqu'à présent, se voient dépossédés brusquement de cette jouissance par l'usage fort légitime d'ailleurs, que seront autorisés à faire des cours d'eau, aux termes des lois de 1845 et 1847, les propriétaires riverains d'amont qui voudront y opérer des dérivations pour l'agriculture?

Qui dit arrosement, Messieurs, dit absorption.

______

(1) Chambre des Députés. Séance du 23 avril 1847.

M. Dupin...... et à ce sujet j'affirme, en présence de M. le sous-secrétaire d'État, qu'il y a peut-être en France dix mille barrages, établis de fait et sans autorisation préalable, parce que personne ne s'en est plaint, qu'on en jouit paisiblement et qu'il n'y a pas de réclamation.

M. le sous-secrétaire d'État des travaux publics : C'est vrai!

L'article 664 du Code l'a entendu ainsi, il oblige celui qui a usé de l'eau, c'est-à-dire qui l'a employée *pour ses usines* (c'est ainsi que cet article a toujours été interprété), à la rendre à son cours, après en avoir usé; mais cette charge de restitution n'incombe pas sur celui qui s'est servi de l'eau pour l'irrigation de ses propriétés. Cela a été compris ainsi par les auteurs, et la jurisprudence est conforme à cette interprétation (1).

Donc, en admettant même que le volume d'eau, qui sera transmis d'un héritage riverain à un héritage éloigné et cela par l'effet du barrage et du passage sur les fonds intermédiaires, en d'autres termes par suite des droits d'appui et d'aqueduc; en admettant, dis-je, que ce volume d'eau *soit*

---

(1) « L'eau attribuée à l'irrigation est censée consommée, puisque dans tous les cas elle ne peut jamais être rendue qu'en très-petite quantité, et généralement à de très-grandes distances de la prise d'eau ; tandis qu'en matière d'usines, il est de règle, au contraire, que les eaux doivent être restituées à leur cours ordinaire, aussitôt après qu'elles auront produit leur effet utile.

« En un mot, les usines utilisent l'eau sans l'user, tandis que l'irrigation la dépense effectivement. » (*Nadaux de Buffon.*)

« Il y a plusieurs arrêtés de la cour royale de Bourges (18 juillet 1826, 23 novembre 1829, 7 avril et 30 décembre 1837), qui décident en principe que le propriétaire d'un fonds traversé par une eau courante peut se servir de cette eau pour l'irrigation de ses propriétés, de manière à l'absorber *entièrement* ou *presque entièrement*. Il suffit, en un tel cas, que le propriétaire fasse des dispositions pour que les eaux *non absorbées*, s'il y en a, reprennent leur cours naturel au sortir de ses propriétés. »

proportionné seulement aux besoins de l'héritage riverain (1), il en reviendra fort peu à la rivière, après l'arrosement. L'absorption dans la terre, la décomposition de l'eau, l'évaporation, les besoins des héritages inférieurs pourraient bien avoir pour résultat quelquefois d'empêcher qu'il n'en retombe une seule goutte dans le cours d'eau où a été opérée la dérivation.

Supposez maintenant que les deux riverains opposés profitent du barrage, et les chances d'absorption sont doublées, puisqu'elles peuvent se reproduire dans les mêmes conditions et sur les deux rives.

Ces réflexions sont évidemment inquiétantes pour toutes les industries qu'alimentent les cours d'eau. Je ne parle même ici que de celles dont je suppose les droits et les titres parfaitement établis. Je sais qu'on répond à cela que les moulins peuvent employer le vent, la vapeur, ou toute autre force motrice; mais le charbon de terre est rare et cher en France; toutes les contrées ont besoin de farine et ne sont pas également propres à l'établissement de moulins à vent. Et enfin les moyens les plus simples, les plus élémentaires, sont en

______

(1) Nous devons dire qu'il y a encore ici divergence d'opinion entre le Ministre des travaux publics et le rapporteur de la commission à la Chambre des Députés. Le Gouvernement ne proportionne pas les droits de l'héritage éloigné à ceux des fonds riverains, quant à la quantité de liquide à employer. M. Dalloz s'est prononcé deux fois, en 1845 et cette année, dans le sens de la restriction.

général les seuls à la portée des fortunes bornées, et des industriels si utiles que nous avons en vue.

Encore une fois donc, il faut que la sollicitude de l'administration, que la sagesse des tribunaux prennent en considération cet état de choses, afin qu'en voulant prêter une main secourable à l'agriculture, on ne précipite pas dans une ruine certaine les industries respectables qui ont droit à toute leur protection.

Un recensement des titres en vertu desquels les différentes prises d'eau auront été autorisées dans les départements, pourrait être ordonné par l'administration, avant l'homologation de l'ordonnance réglementaire, qui devra suivre la promulgation de la loi (1); de cette façon, bien des droits acquis par un usage prolongé (je ne parle pas seulement de la prescription qui pourrait, aux termes du Code, ne pas être invoquée d'ailleurs partout avec fondement), bien des droits qui s'exercent paisiblement, et que la nouvelle loi va frapper peut-être d'anéantissement, pourraient ainsi se régulariser.

____

(1) Un arrêté du Directoire exécutif, contenant des mesures pour assurer le libre cours des rivières et canaux navigables et flottables (19 ventôse an 6), prescrit un recensement analogue ; après le considérant tiré des principes de l'ordonnance de 1669, de l'article 2 de la loi du 22 novembre 1790, du chapitre VI de la loi du 20 août 1790, de l'article 10 de la loi du 24 août 1790, de l'article 4 de la loi du 28 septembre 1791, et des articles 15 et 16 de la même loi, il dispose que le recensement et la visite auront lieu à la diligence de chaque administration départementale, suivant des formes que cet arrêté détaille en 14 articles.

N'est-il pas du devoir de l'administration de prévoir les dangers dont peuvent être menacés par la suite certains intérêts, tout en accordant une attention spéciale à ceux qui réclament de plus pressants encouragements? Et dans la matière qui nous occupe, et à l'occasion de laquelle l'initiative parlementaire s'est si honorablement exercée, n'y a-t-il pas lieu d'insister plus particulièrement encore sur la vigilance que l'adoption des dispositions nouvelles recommande au Gouvernement?

Aucune réforme, il est vrai, ne saurait s'accomplir dans un pays sans qu'il en résulte quelque froissement pour certains intérêts; la question est de savoir si la réforme est utile, et dans le cas où il en est ainsi, on doit passer outre.

Mais les intérêts qu'on heurte ici en passant sont à bien des titres dignes d'être pris en considération, et s'ils doivent souffrir, parce que la cause du progrès, aussi bien que l'esprit de notre législation le veulent ainsi, nous ne saurions cependant consentir à laisser se consommer leur ruine.

J'ai dit que notre législation dans ce conflit entre les deux intérêts rivaux, dont il est ici question, avait pris parti pour l'agriculture. Cela résulte des termes formels de nos Codes (1).

---

(1) Je puis ajouter : de l'esprit de notre jurisprudence et de l'opinion des jurisconsultes. Un arrêt du 17 février 1809 a décidé que des propriétaires de moulins ne peuvent priver les propriétaires supérieurs de l'usage des eaux pour l'irrigation

Si la loi du 6 octobre 1791 parle d'usines et de moulins, à l'occasion d'un règlement sur les prises d'eau, dans les articles 15 et 16 du titre II, l'ordonnance de 1790 recommande à l'administration de diriger les eaux *d'après les principes de l'irrigation.* Enfin notre Code civil, en réglant les droits des riverains dans le même intérêt, ne dit rien de l'industrie, comme si en vérité la disposition des cours d'eau devait lui être étrangère.

Ce n'est certes pas à ce point de vue rigoureux que votre commission a voulu se mettre ; mais cet aperçu rétrospectif de notre législation, est bien de nature à encourager les pouvoirs publics et les Chambres à entrer franchement dans la carrière des améliorations, en ce qui touche la pratique des irrigations bien entendues.

La crise des subsistances et le fléau des inondations, dont le pays a eu si cruellement à souffrir dans les derniers mois de l'année qui vient de s'é-

---

de leurs prairies, sous le prétexte que toutes les eaux sont nécessaires au roulement des usines.

Par un autre arrêt du 10 février 1824, la cour a jugé que le propriétaire d'un moulin inférieur ne pouvait intenter l'action possessoire contre le supérieur propriétaire des deux rives, qui détournait l'eau pour l'irrigation et la rendait à la sortie de son fonds à son cours ordinaire.

« Les moulins, dit M. Merlin, sont très-utiles au public, mais ils ne sont pas préférables à l'arrosement des héritages. L'eau est l'élément de l'agriculture : on peut construire des moulins à vent, on peut suppléer à l'eau par la mouture mécanique des grains ; rien ne peut tenir lieu de l'eau pour la fertilisation des domaines. »

couler, imposent à ses mandataires et à son Gouvernement un double devoir dans l'examen de la législation sur les cours d'eau, qui les occupe aujourd'hui. C'est d'activer la multiplication des bestiaux, en encourageant et en facilitant la culture des prairies, but principal des lois favorables aux arrosements. C'est de régler, d'un autre côté, avec la plus grande prudence, la dispensation des cours d'eau, au point de vue des dangers que l'élévation de leurs niveaux, que le manque de solidité des digues et barrages, que l'absence des déversoirs pourraient entraîner.

Sous l'empire de cette double pensée, l'utilité des arrosements et la crainte des inondations, nos nouvelles lois sur les irrigations, grâce aux principes qui les dirigent, ne peuvent manquer de réaliser dans l'application et sans inconvénients pour l'industrie, le but élevé qu'elles ont en vue.

En résumé, Messieurs les Pairs, je ne crois pas pouvoir mieux justifier l'adoption pure et simple du projet de loi que j'ai l'honneur de vous proposer au nom de l'unanimité de votre commission, qu'en reproduisant ici les paroles de l'honorable M. Dupin, lorsque dans la séance de la Chambre des Députés du 23 avril dernier, il a ainsi défini en substance le caractère et la portée de la loi présentée :

1° Elle n'introduira pas, a-t-il dit, un droit absolu de barrage et d'appui, mais une simple faculté de solliciter et d'obtenir.

2° En cas de difficulté intéressant la police générale des eaux, elle ouvrira un recours à l'administration qui procédera et décidera de la manière accoutumée.

3° Si des propriétaires voisins réclament et allèguent leur droit, leurs titres, leur propriété, leur possession, les tribunaux prononceront avec la latitude que leur accorde le Code civil et que leur conserve la loi de 1845.

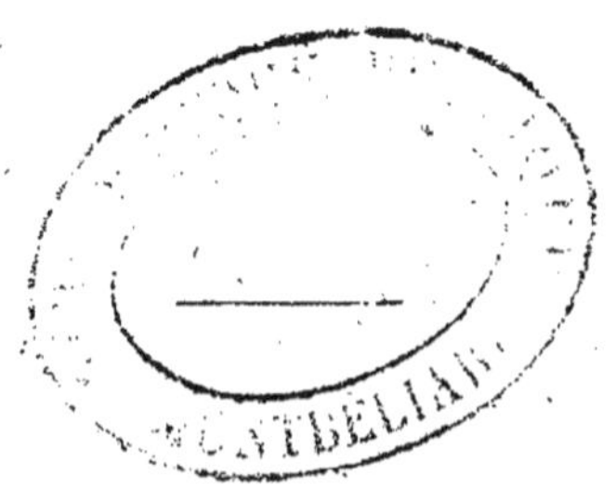

Moskowa, prince de la
Rapport fait à la Chambre par M. le